J 629.441 AMA
Amato, William.
Transbordadores espaciales

En Español

Vehículos de alta tecnología

Transbordadores espaciales

William Amato

The Rosen Publishing Group's
Editorial Buenas Letras™
New York

Published in 2003 by The Rosen Publishing Group, Inc.
29 East 21st Street, New York, NY 10010

First Edition in Spanish 2003
First Edition in English 2002

Book Design: Christopher Logan

Photo Credits: Cover, pp. 5–6, 8–9, 11, 13, 15 (top) © Kennedy Space
Center; p. 7 © Charles E. Rotkin/Corbis; pp. 14–21 © NASA

Amato, William.
   Transbordadores espaciales / William Amato ; traducción al español:
Spanish Educational Publishing.
   p. cm. — (Vehículos de alta tecnología)
   Includes bibliographical references and index.
   ISBN 0-8239-6885-5 (library binding)
   1. Space shuttles—United States—Juvenile literature. [1. Space
shuttles. 2. Space shuttles. 2. Spanish Language Materials.] I. Title.

   TL795.515 .A43 2001
   629.44'1—dc21
                                            2001000273

Manufactured in the United States of America

Contenido

Los transbordadores espaciales

Los transbordadores espaciales
son vehículos de alta tecnología.
Se usan para llevar personas
y carga al espacio. Un transbordador
espacial se puede usar más
de cien veces.

PRIMEROS VUELOS DE ESTOS TRANSBORDADORES

Columbia	Challenger	Discovery	Atlantis	Endeavour
12 de abril de 1981	4 de abril de 1983	30 de agosto de 1984	3 de octubre de 1985	7 de mayo de 1992

Los transbordadores espaciales
tienen tres partes principales.
Esas partes son el orbitador,
el tanque de combustible
y los cohetes aceleradores.

Tanque de combustible

Cohetes aceleradores

Orbitador

¿Cuánto mide?

El tanque de combustible es más alto que la Estatua de la Libertad.

154 pies

151 pies

Viaje al espacio

Primero se pone el transbordador sobre una plataforma muy grande. Después se mueve la plataforma al lugar de lanzamiento.

¡ES UN HECHO!

El transbordador pesa más de 4,500,000 libras (2 mil toneladas) cuando despega. La mayor parte de ese peso es del combustible.

Los transbordadores espaciales despegan como las naves espaciales. El transbordador se aleja 200 millas (321km) de la Tierra en tan sólo ocho minutos y medio. Cuando alcanza esta altitud, el transbordador viaja a 17,500 millas (28,163km) por hora.

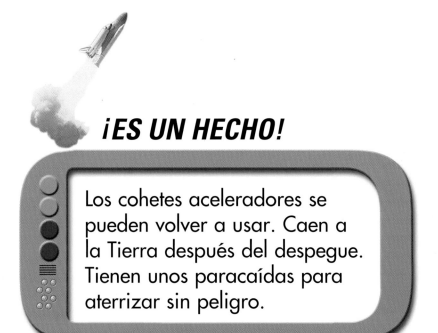

¡ES UN HECHO!

Los cohetes aceleradores se pueden volver a usar. Caen a la Tierra después del despegue. Tienen unos paracaídas para aterrizar sin peligro.

El tanque está lleno de combustible para que el transbordador pueda despegar. Los cohetes aceleradores hacen despegar al transbordador.

¿A QUÉ VELOCIDAD VIAJAN?

| 65 mph | 220 mph | 650 mph |
| Auto familiar | Auto de carreras | Avión a chorro |

17,500 mph

Transbordador espacial

13

La tripulación

Por lo general, en cada vuelo del transbordador viajan entre cinco y siete astronautas. Los astronautas tienen que llevar un traje espacial cuando el transbordador despega.

¡ES UN HECHO!

Una vez que el transbordador está en órbita, los astronautas se ponen ropa cómoda. La ropa es a prueba de incendios.

El traje espacial protege a los astronautas. Un equipo los ayuda a ponerse el traje.

15

Trabajar en el espacio

Los astronautas dirigen
el transbordador espacial
con la ayuda de computadoras.

Los astronautas también pueden
manejar el transbordador a mano.
Las computadoras les indican
adónde tienen que ir.

Muchas veces los astronautas salen del transbordador para hacer trabajos importantes. Se dice que hacen una caminata espacial.

Este astronauta se toma del brazo robot del transbordador para trabajar en la estación espacial.

Este astronauta está arreglando un satélite. Los satélites mandan información a la Tierra.

De regreso a la Tierra

Cuando cumplen su misión,
los astronautas regresan a la Tierra.
Los transbordadores espaciales tienen
ruedas para aterrizar sin peligro,
como los aviones.

La misión fue todo un éxito.
Los astronautas están orgullosos
del trabajo que hicieron
en el espacio.

El transbordador
espacial tiene
un paracaídas
para ir más lento.

Discovery

Glosario

astronauta (el/la) persona que viaja al espacio

carga (la) cosas que llevan las transbordadores espaciales

cohetes aceleradores (los) cohetes que ayudan al transbordador espacial a despegar de la plataforma de lanzamiento

lanzamiento (el) momento en que despega el transbordador

misión (la) tarea que se hace en alguna parte

orbitador (el) parte del transbordador espacial que viaja al espacio y regresa a la Tierra

tanque de combustible (el) recipiente muy grande lleno de combustible para que el transbordador pueda despegar

traje espacial (el) traje que protege a los astronautas en el espacio

transbordador espacial (el) nave espacial que se puede volver a usar para llevar personas y carga de la Tierra al espacio

Recursos

Libros

Space Shuttle (Fast Forward Series)
Mark Bergin y David Salariya
Franklin Watts (1999)

Look Inside Cross-Sections: Space
Moira Butterfield, Nick Lipscombe,
y Gary Biggin
Dorling Kindersley (1994)

Sitios web

Debido a las constantes modificaciones en los sitios de Internet, PowerKids Press ha desarrollado una guía on-line de sitios relacionados al tema de este libro. Nuestro sitio web se actualiza constantemente. Por favor utiliza la siguiente dirección para consultar la lista:

http://www.buenasletraslinks.com/ht/tranessp/

Índice

Número de palabras: 253

Nota para bibliotecarios, maestros y padres de familia

Si leer es un reto, ¡Reading Power en español es la solución! Reading Power es ideal para lectores hispanoparlantes que buscan un nivel de lectura accesible en su propio idioma. Ilustrados con fotografías, estos libros presentan la información de manera atractiva y utilizan un vocabulario sencillo que tiene en cuenta las diferencias lingüísticas entre los lectores hispanos. Relacionando claramente texto con imágenes, los libros de Reading Power dan al lector todo el control. Ahora los lectores cuentan con el poder para obtener la información y la experiencia que necesitan en un ameno formato completamente ¡en español!

Note to Librarians, Teachers, and Parents

If reading is a challenge, Reading Power is a solution! Reading Power is perfect for readers who want high-interest subject matter at an accessible reading level. These fact-filled, photo-illustrated books are designed for readers who want straightforward vocabulary, engaging topics, and a manageable reading experience. With clear picture/text correspondence, leveled Reading Power books put the reader in charge. Now readers have the power to get the information they want and the skills they need in a user-friendly format.